佛光初現

啟靈學法之奇妙之旅

劉定立師父 編著

佛光初現

目錄

【前言】

——

序

序 ❋ 劉定立師父

各位讀者大家好，《佛光初現》是小弟的第一部作品。在小弟這個文字天地中，首次與大家見面，心情十分激動！

我手寫我心，當中學法經歷、幫求助善信做驅邪鎮煞、教授弟子、說法傳道，過程中的遭遇，可謂不可思議，畢生難忘。而那些事蹟醞釀在我腦海中已有三十多年之久了；

真的不寫不快！因此藉以文字天地與大家分享。

其實在我心目中，我寫學法經歷的主旨是希望能夠對修道法和密法有興趣的朋友，看過了我學法的經歷，可以刺激到大家對道法和佛法的興趣。

這是我寫此真實經歷的真正期盼。希望有興趣求道問道者，能有緣窺探宇宙真如，廣生般若，同得法喜。

執筆很難，用文字寫事蹟不是我的強項，但心中那團火已鼓動多年，今日提筆，反而感到暢快無比，既興奮又緊張！

我在前半部份章回中，寫自己如何親眼見到佛菩薩顯靈的不可思議經歷。

而在後半部份章回中，我會道出自己當了師父後，處理個案時的不同分享。其中有見鬼的真實故事，有血光嬰靈的恐怖個案，驅邪鎮邪時與魔、鬼、邪神、降頭的實戰對決事件，全部都會在小弟的靈書中，為大家一一呈報。

所有個案中的人物、名稱，事件的關鍵資料，為保障當事人的私隱，在我的文章中，都會一一用其他文字名詞來取代，希望大家諒解，當中故事，如有雷同，實屬巧合。

以下文字是小弟會用「法恆」二字來代表「我」，其中玄機，讀者朋友會在我日後的文字中找到答案。

序 ✵ 大師兄展超

我很感恩能夠有緣份遇到劉定立師父，並跟隨師父學法。「以法助人、弘揚道法」是師父經常提點我們學法的宗旨。弟子們不忘拜師的初心，定會好好修煉歷代流傳至今的法本。

師父在這本書中講述自己學法的奇妙旅程，啟發我們去思考自己人生，因為每一個人往往背著不同的生命課題，經歷不同的痛苦及喜樂，所以要透過精進修行去改變自己的習氣，開發內在智慧，才能離苦得樂。

多謝師父給予我這個機會為他的新書作品寫序，

這是我人生第一次在書中表達自己的感受，
亦希望各位讀者享受此書之餘，也能找到自己人生的目標，
實現自己的夢想。

序 ✵ 大教麗儀師姐

現今世界各地的文化知識和物質生活令很多人犯了「貪、嗔、癡」三孽。

因此，本人很感恩，有緣能成為劉定立師父的弟子，師父修持「密宗、禪宗、道教」，以正道正法傳承，以修持經咒的力量來豐富弟子們的心靈，讓弟子們能夠從探討及體驗中獲得開悟的途徑及方法，是位良師。而本人亦不忘初心，期望將來能夠「以法助人」。

希望藉著劉師父在此書內的種種故事及經歷，

能令眾生得以反省、思考，經常把菩提心放在心上、一言一行上，積福積德；能夠認識及修持佛法、道法、密法，從而了解及運用「四無量心」的（慈、悲、喜、捨）而感受到欣喜，與眾生共享喜樂，將來能得到自利、利他的果位，離苦得樂。

序 ✵ 范振鋒 Ricky

（新城知訊台．《Bilibala 開大喇叭》主持人）

善良比聰明更難，
聰明是一種天賦，
善良是一種選擇。
有善心，不害人，
什麼也不怕。

序 ❋ 潘梓峰 Bryan（新城知訊台．《Bilibala 開大喇叭》主持人）

人生在世，人與人之間都是一種緣分，緣來緣去、緣聚緣散，都是一個緣字。有緣千里能相會、無緣見面不相識。

有幸與劉定立師父合作主持電台節目亦是一種緣份，亦師亦友。而更欣賞劉師父有一顆熱心助人的心，將其所學知識分享給世人。

能夠有一本屬於自己的書或者作品，可能是無心插柳，不過所謂機緣巧合，那是因為你種下的善因，在不經意之間得到了回報。

序 ✵ 神婆 Winnie（《魅影空間》主持人）

緣份，可謂是一切的始端。我與劉定立師父結緣，於我的個人節目——《魅影空間》，當天有幸邀請到他擔任我的嘉賓，亦初聞劉師父有出版一本實體書的想法，計劃把個人、朋友和信眾所遇的靈異事件收錄於筆下，心中已經不禁期待。

劉師父所記錄的靈異個案不單單能反映現實，讀者更能借當中展現的善與惡作為借鑒，在享受驚慄感和刺激感的同時，反思到另一深層意義，深信會別有一番體會！承蒙厚愛，能夠有幸為劉師父寫序，在此祝作品大賣！

序 ✵ 果賢大和尚

（禪宗師父果賢大和尚留言支持弟子定立師父）

好難得！非常好！希望你不論從道、顯、密去幫助眾生，這樣都是好難得的，亦是我們修行人積功累德的一大因緣。

你一定要去爭取，師父一直都很低調的，又略欠文筆，因此師父用留言給你以作鼓勵和祝福，默默的支持你。

師父亦會祈請菩薩和祖師給你擁護力和加持力！希望你在這方面盡力去發揮，將你自己的經驗和自己的種種經歷與大家分享。這樣已達到一個修行人最大的功德！

【第一回】

巧遇奇人

巧遇奇人

八十年代初，一個盛夏，法恒還在求學時期，他與一般年青人一樣，放學後就會約同其他同學一起到球場踢波；賽後就一定會吹下水飲吓嘢，間中又會到機舖打下街機，不亦樂乎！

當年暑假期間，法恒剛剛完成中四大考，正在放暑假當中，他閒來就會準備一下中學會考的練習，其學法問道的真實經歷，就在這個既無聊又心情緊張的暑假中開始……

法恒有一位哥哥，他的英文名叫作湯美。

湯美已有廿七歲左右，當時他正在港鐵公司工作，還看八十年代，港鐵公司還有很多支線在不斷擴建中，而湯美正正就是當時鐵路工程公司旗下一名燒焊員，他有一位工友名字叫作民哥，這位民哥與湯美年紀相若。

民哥個子不高，中等身材，膚色偏黑，眉清目秀，有一對大眼睛，炯炯有神，言談間時常流露出一點點神秘而深不可測的笑容。

一日中午，湯美與民哥一起到茶餐廳食中午飯，飯後民哥點起了一根香煙，吐出煙圈，眼神忽然半夢半醒之間，突然回過神來，對著坐在他旁邊的湯美道：「你是否有一位弟弟？」

湯美奇怪的問道：「是的。你為什麼突然之間問起？」

民哥語帶神秘道：「你稍不作問，你今個星期天，如放假回家中吃飯時，看看你弟弟家中，是否有一張書枱，書枱上是否放着一尊釋迦佛像，佛像前是否擺放了一對石喜雀，如果是真的話，請你帶他出來見我，我有很重要的話跟他說，緊記！緊記！」

當時湯美，因為方便工作，早前自己已經搬到九龍區居住，努力投身職場。

話說回來，湯美在星期天放假回到媽媽家中，他一入到家裡，便見到法恆坐在飯廳旁一張書枱前，正在溫習，瞟眼他看到書枱上放着一尊大約六吋高銅製的釋迦佛像，像前有一對石雕的雀仔，他即時目定口呆，一刻間說不出話來。

湯美回過神來，問法恆道：「這尊佛像是怎樣弄回來的？」

法恆回答道：「這尊佛像是二家姐到日本工作考察時，在工餘時間，與同事一起到了日本神奈川縣鎌倉市的高德院一日遊時，在市集買的。」

法恆接着道：「此小佛像本來放在客廳組合櫃之中，一天我看見佛像有點塵埃，我便取下來到洗手盆中清洗乾淨，一念之間，見佛像相當莊嚴，心生歡喜，因此就連同一對石喜雀放在我的書桌上，伴我溫習，深感安寧。」

▲ 當時法恆書枱上放着一尊大約六吋高銅製的釋迦佛像與像前一對石雕的喜雀。

湯美點頭稱道：「你唔好成日掛住溫習啦，反正放暑假，不如跟我到外面行吓，食吓嘢，輕鬆一下啦！」

於是湯美問准了媽媽，便帶弟弟一起到九龍走一趟。法恆便跟哥哥一起乘車到荃灣，再轉地下鐵路到藍田站，落車後他才告知法恆當天的實際行程，就是到他的朋友民哥家中探訪。

法恆心情忐忑，但他非常信任哥哥，所以二話不說，就和他哥哥一起到民哥家中拜訪。

民哥家住藍田邨，藍田邨是一個很龐大的屋邨群，到其家門前，法恆心情複雜，既好奇又是緊張，手心冒汗。

入到民哥家裏，民哥和他老邁的婆婆熱情地招呼兩兄弟入內安坐。

一入到屋內，法恆就看見一個頗舊的神櫃，上層神位供奉了一尊觀世音菩薩聖像，菩薩聖像是傳統白瓷手藝製作，法相頗為莊嚴，神櫃下方亦設有五方五土龍神神位，加上上下兩格神位均配有紅色的神樓燈，這更使這個小單位增添了神秘的氣氛。

【第二回】

佛光初現

佛光初現

話說民哥招呼了兩位兄弟一起坐下，彼此閒談數十分鐘後，民哥突然向坐在他身邊的法恆問道：「你知不知道你是誰？」

法恆很錯愕的回答道：「我是誰？」

法恆望着民哥繼續傻笑。

民哥不斷擰頭嘆氣道：「為什麼你有這麼大的緣份呢？」

接着他叫法恆寫低他準備說話的內容。

法恒從自己的背囊取出紙和筆，跟着民哥一言一語的抄寫記錄下來，「菩提樹下百花生，此子為之新弟子，若然此教血潤親，不知不覺傳口教，喃嘸阿彌陀佛！」

民哥續問法恆：「你知否你是誰嗎？」

法恆回問：「民哥請問我是誰呢？請提示一下。」

民哥正色嚴肅地道：「你是釋迦坐前一粒梵星！」

法恒和他的哥哥都感到十分驚訝。

他很樸實的回答道：「剛才我們說話上會否得罪了佛菩薩嗎？」

民哥雙眼精光閃閃的回答道：「不知不罪，無知無過，不聞不問，了故恆身，楊柳綠葉總附春。」

民哥示意這是釋迦的答詞。

法恆腦海中一陣霹靂。既激動又疑惑，心情不斷翻騰，剎那間百感交集。

到了傍晚黃昏大約六時半左右，當時正值盛夏，室內光線充足，不用開燈。

民哥忽然叫湯美到樓下雜貨店買些飲品，順便買一條長虹和少許硃砂。

過了好一陣子，湯美買回了那些用品交給了民哥。

民哥正式道：「我真的不知道法恆為什麼有這麼大的緣份！」

他不斷搖着頭指着法恆道：「六壬仙師要賜你四重天啊！更賜你的法號為『法恆』。」

我稍後會教你打一個金剛羅漢坐，還會在你身上，用硃砂筆寫上花字。」

花字已寫滿法恆的前胸、腹部和背部。

（花字是道家法科的特有文字，亦可以說是先天密碼。）

剛寫好花字後，民哥便教法恆在他的神壇前上了三注清香，然後打起那個金剛羅漢坐，法恆席地而坐，面向神壇，兩腿雙盤，左手掌面向上，放在肚臍之間，右手掌矗立於胸前。

民哥再三叮囑他一定要合起雙眼，一定要心無雜念，意堅守一，心中只需念着「大顯威靈」四個大字。

民哥便進入浴室，沖了一個快涼，及後梳整頭髮和衣服，他便行到神壇前單膝下跪，伸出右手輕放在法恆背後，接着念起咒語。而湯美則站於法恆背後，手持那條剛買回來的紅綾布，那條紅布大約有六尺長，闊尺半。

與此同時，法恆專心一志，心無旁鶩，但又非常緊張，手心冒汗。但他堅守專注於大顯威靈的四個密字之上。

其後當民哥唸起法咒，大約有十分鐘左右，法恆便感到左腳掌底有一道尖銳的氣，如刺針一般穿過腳掌，慢慢從腳到丹田，再從丹田的中脈勁走到前胸，再由前胸分走到左手和右手，而那道氣再直衝上頭部，繼而走遍全身，不停運轉，法恆驟覺全身麻痹，那道真氣擠壓在丹田腹部位置，而前胸則感膨脹欲裂，十隻手指更被那道真氣的靈力驅使郁動，化作手印！

法恆整個身體全是繃緊，但又感覺何等舒泰，這等感覺未曾有遇過，當真是暢快無比，就在這法網籠罩整個身體的一刻，法恆忽然聽到一把聲音由遠至近，在他耳邊響起那道聲音，既空洞又感覺真實，那聲音道：「師弟請你打開眼睛向前看看。」

法恆心知要專心一志，忽有此聲音入耳，這是幻聽呢或是真實呢？他心中刹那間不斷掙扎，但他的好奇心終於戰勝了當刻的心志。

他一張開眼睛，視線剛好落在神壇觀音像的位置，不可思議的境況就在此刻發生了！令他畢生難忘，當法恆睜開眼睛，便看到觀音娘娘背後出現了粉紫色的光、粉橙色的光、粉黃色的光芒，三光互燦，不斷閃耀，互相爭輝，那三色光芒既柔麗又威嚴！

就在觀音娘娘背後放出的這三道佛光，足足出現了一分半鐘左右。

這是法恒在現實中的親眼見證！法緣殊勝，記憶無法磨滅！

法恒當時整個人只有目瞪口呆，全身進入了這個無量法喜的境界之中，悠久悠久……

一般佛菩薩的顯現於有緣人面前，多數用光體出現，例如大白光、紫色佛智光、黃色毫光、紅色無量光、又或淡彩霞光等等。

諸天菩薩多用光體駕臨人間，極少極少顯其真身，如能有緣見到佛之真身，亦只會是用佛之光體來凝聚，而構成祂的輪廓而已。

【第三回】

雷霆霹靂

雷霆霹靂

法恆首次在現實中見到無量佛光的顯現，當中場景既殊勝又莊嚴，三色佛光美不勝收。

法恆法散猶醒，回過神來，他便將當時看見的一切告知兄長和民哥。

其時民哥也看見佛光的出現，但法恆的兄長雖然站在法恆的背後手執紅布，但他什麼也看不見，這可說是緣份吧。

事後法恆飲下一杯清水定一定神，彷彿在現實與虛幻之間，思緒不斷地穿插在雲霞佛光之中，驚喜交雜，良久良久……

當晚民哥盛情非常，在淡淡黃色的客廳燈光之下，三人滔滔不絕，暢談此次奇遇，他更招呼了法恆兩兄弟留宿一宵，直至深夜，各人已倦極而睡。

直至天亮，晨光從露臺鐵窗縫框之間射進室內，法恆一看手錶已是上午九點鐘有多。又見婆婆正在廚房忙個正着，烹煮早餐，香氣充滿整間小屋，令人為之一振。

各人梳洗妥當後，大家便享用婆婆巧手的早飯，四餸一湯，簡單而美味。

飯後三個男人有講有笑，又談起昨晚的奇遇。民哥更暢談神功逸事，直至中午。

湯美看看手錶，已有一點多鐘了，便謝過民哥和婆婆的熱情招待。

就在法恆兩兄弟正想踏出民哥家中的時候，忽然被民哥喝停：「且慢！請留步！」

民哥旋即很嚴肅地對着法恆道：「李靖師公要賜你七重天！」

托塔天王李靖仙師？什麼七重天？法恆腦海又閃過無數的問號。

當時法恆兩兄弟再次呆在當場，接着法恆帶着既好奇又緊張的心情，依照民哥的指示，就在鐵床上打起坐來。

法恆雙手合什，他一坐便能靜念下來，靈台更頓覺空明。

其時正當盛夏，屋外天氣甚佳，陽光普照，青空一碧，萬里無雲。

就當民哥吩咐法恆收攝心神之後，他就站在法恆四五呎之外，他伸出右手，只聽他大喝一聲：「起！」

就在這剎那之間，室外本來萬里無雲的青空，天色驟變，突然之間風起雲湧，黑壓壓的厚雲彷如萬馬奔騰！

就在數分鐘之間，風雷雨雹，氣勢磅礴，奔雷遊走，閃電劃破長空。

法恆就在這雷電交加之際，七重天的法力，再從他的丹田擴展至全身，感覺腹部凹陷，胸膛膨脹，麻痺的法流充滿全身，雙手擺出了手印。比起昨晚見到菩薩化作殊勝粉彩光芒的遭遇，那種法流的力量，更加為甚，雷聲隆隆，閃電奔騰，勁風狂雨，猶如天兵天將萬軍壓境，雷霆霹靂，勢不可擋。

大約二十分鐘左右，烈艷的太陽，又從雲際間展出熱力的光芒。

藍田邨一行，就在這風起雲湧的一幕而結束。

法恆被重新「啟靈」後，開動了佛道法緣的神秘列車，列車開動，兩旁盡是無量的風景，有熟悉的雲海霞光，有巍峨的亭臺樓閣，有無量佛光的蓮華海會，瑤池勝景，數之不盡！

【第四回】

四十二重天

佛光初現

四十二重天

今次真的「順利」作別民哥和婆婆，法恒這不足四十八小時的被「啟靈」的奇妙之旅，自覺既興奮又不可思議。可說是一種另類的浪漫旅程！

法恒回到家中躺在床上，那段奇妙經歷不段在腦海中盤旋交錯。

是夜回想，神佛是在指引他嗎？啟靈嗎？學法嗎？傳道嗎？無數的疑問在法恒的腦際間不斷激盪。

法恆躺臥床上，眼看窗外星空，有數顆星星在這浪漫而深邃的夜空之中閃耀着，神秘的宇宙，三次元之外的秘境，實在使人神往。

就在這迷思之間，法恆終於在矇矓之中睡着了。他意識一轉，忽然之間，看見自己在床上熟睡着。他的身軀驟然去到另一個空間，這個空間一片漆黑，他心裡突覺甚是驚恐。

他行着行着，尋求出路，當他行過一片幽谷的時候，法恆忽然看見三尊巨大的釋迦佛像，每尊佛像約有三層樓之高。那三尊巨像就尤如法恆家中的小釋迦像一般無異。

他心生歡喜，便在這三尊巨大佛像之前合掌頂禮，向着每尊佛像均一叩請，當他以至誠的心禮拜佛像的時候，每尊巨佛背後均閃爆出無量聖潔的大白光芒！

淨白而晶瑩剔透的佛光，將漆黑的空間照出光明，如同白天。

法恆就在這一刻之間，他的身軀突然如鵝毛之輕，驟然身輕如燕，在光明海中自我飛行。就如電影中超人飛行的姿勢，飛到另一個國度。

一片彩色雲海就在法恆的眼簾之內出現，無數的亭臺樓閣，有些有感熟悉的，亦有陌生的，其中的殿宇有簡樸的紅牆綠瓦，有的金磚琉璃而建的，有的水晶硨磲而建構的……

法恆就在這雲海之中不斷穿梭飛行，當他飛越到一個界域時，看見雲海之間，飄然地有一位穿著青衣道袍而童顏白髮的老翁，銀髮飄飄，道袍腰帶隨風拂曳，儀度非凡。

老翁向他微笑招手，法恆順勢飛往祂的跟前，接着向祂躬身一拜，更向老翁恭敬地問道：「請問先生是如何稱呼？」

老翁默默不語，只微笑地伸出右手，指向天上，法恆順着祂的指向，只見天上一片雲海，突然之間不斷旋轉，形成了一個巨大的旋渦，旋渦漸漸擴大，而雲霞全退，只見青空一碧。

老翁便對着法恆道：「這裡便是四十二重天了。」

正當他想追問老翁是如何稱呼的時候，已經不見仙翁的蹤影了。

【第五回】

百花仙子

佛光初現

百花仙子

當仙翁在一瞬之間就消失在雲霧之中，法恆就在這境地變化交換之際，他又看見離他不遠處之前方，出現了一座古樸而淨潔的城樓，那城樓被淡彩的雲霞映襯之下，散發着淡淡的琉璃光芒，美秀而極致的神仙境界。

法恆行到城樓之前枱頭一看，有一金漆牌匾刻着五個大字「眾香仙子閣」。

就在這一剎那之間，眼前出現了一群美不可名狀的仙子們。

每位仙子身穿天衣，衣飾重裙，綾袖輕飄，眾仙子都散發着聖潔的光輝，向着法恆微笑，輕輕的微笑着。

法恆被這動人的美景看呆了眼，如若木雞，如痴如醉。

只見其中一位仙子奪眾而出，飄行數步，到他跟前，向着他說道：「吾等便是百花仙子，仙界尊稱本仙子為馨香仙子，吾為百花之首也。」

馨香仙子接着道：「法恆師兄與吾等有着深厚的法緣，如師兄在凡間之中有什麼危難，可呼召吾等百花仙子助陣扶持。給師兄心咒「梅蘭菊竹，花草樹木，必請必到。」」。

百花仙子向法恆微微躬身，禮敬而退，隱沒在彩雲樓閣之中。

法恆夢醒。

一覺醒來，一齊如幻如真，當中每個細節都刻骨銘心，那等情景還是歷歷在目，一生都不能磨滅。

【第六回】

釋迦虹光

佛光初現

釋迦虹光

春秋已過，又到另一個盛夏。

一個三百餘呎的小單位，這是法恒細家姐待嫁的吉宅。他老實不客氣，借這單位用作讀書之用，預備來年會考的奮鬥基地。

在客廳的一個角落，有一個五呎長的黑色鋼琴，鋼琴平頂上放了法恒的小釋迦聖佛，像前有一個小香爐。

當其時法恒正準備會考公開試，

正值瘋狂溫書的日與夜生活之中渡過。

一日，法恆母親吩咐他準時在傍晚六點半左右就要回家吃晚飯。

當時一人在廳，清靜無聲，其心神更覺清明無比。

祈拜完後，法恆便將清香插在香爐之中。

就在那一瞬之間，在釋迦頂部的右上角，有一條寸半直徑乘約一呎長的虹色光柱體出現在他的眼前。

那條光柱帶點潤紅之色，但又晶瑩剔透，

柔柔淡淡的，但又覺其渾雄而聖潔的感覺，
那條聖潔光柱就在釋迦像的頂上，慢慢懸浮地橫越飛過。

由法恆看見虹色光柱的出現，直至到祂的消失，
大約有一分鐘之久。

聖潔虹光，再見佛力，慈悲顯靈，其時法恆驚呆當場，
這是菩薩第二次向他招手，他內心既感恩又喜悅，
其不可思議的虹光，聖體顯現了佛力無量的神通！

這不單只利益了法恆以後傳法的見證實例，
亦增加了他學法問道的決心。

佛菩薩的虹光顯現，法恆心領神會，親眼目擊佛力之偉大！這當然增強了他日後學佛學道的決心，更加使他堅定不移地探究道法玄學，佛典真言的般若之路。

【第七回】

勇闖魔域

勇闖魔域

法恆自從有幸得到六壬仙師、李靖仙師「傳授」四重天和七重天的法力之後，自身已被啟靈，在很多時候，每當在睡夢裡，會好容易地進入一些奇妙、靈異和不可思議的夢境世界之中，其夢境如同真實、歷歷在目，不作糊塗，每一個細節都會記得相當清楚。

每次神遊都會先看見自己在床上熟睡着，法科界稱之為「離魂」。在道家茅山派一法之中，有一奇法為「夢授」，現正揭開此法的神秘面紗。

「夢授」之法有兩條夢授符，一符化符水作飲用，一符則藏於枕頭套內，另外亦有一夢授咒語，凡茅山弟子到大教之教底後，便可用此法在睡覺前，先唸起此咒和飲下夢授符水，默告仙師帶自己的魂兒魂遊四海，師公賜法賜教等等，以恆為之，陰師自然飛渡扶持，在夢中授教於壇下弟子。

話說回頭，法恆有一次魂頭被師公牽引帶領之下，去到一處深山大水澗之中，山澗早已枯乾，沒有流水，四周幽處，松林森森，怪風呼呼如同鬼哭，蒼野淒涼。

法恆一直從此河道中前行，突然之間，前面出現了四個道士，各人背負長劍，那四位道士面目猙獰，面部如做大戲者般帶了惡煞面譜一樣，面相詭異恐怖。四鬼道士身穿灰白長袍，長袍在陰風之中不斷飄曳着，驟然大聲喝道：「不許路進！」

接着四名鬼道士手握背些長劍，長劍如骷髏骨狀，作勢拔劍向法恆疾速刺去。

就在這千鈞一髮之際，法恆不由自主地唸起咒語，手結起六壬仙師手印，繼而兩手印合拼，再雙掌推出，更大喝一聲：「六壬仙法在此大顯威靈！」

旋即感受到雙掌掌心有兩股真氣激盪而出，兩道真氣化作四條火龍，騰龍流轉，飛向那四名鬼道身上，四鬼道就在頃刻之間被龍形光焰全面吞噬，化作一團煙灰！

法恆迅速超越四名鬼道的站陣之地，帶着既驚亦恐又略帶喜悅滿足的心情繼續往前飛奔，不久眼前景像一片明朗，彩雲處處，山峰奇秀，更見仙鶴成群，瑞鳥和鳴，花香裊裊，不知何等境界！夢醒。

【第八回】

五昧真火

佛光初現

五昧真火

又一次，法恆在晚上做完功課後，感到非常疲倦，即時倒臥床上，抱頭大睡。自己的魂頭又再次被師公引領帶來到一個極恐怖的鬼城之中。

他遊目四顧均是陰山峻嶺，風聲颯颯，勁風如刀，幽谷迴盪猶如百鬼哭啼，如此鬼域，空無一人！

法恆心生畏佈，自然地心唸密咒，護持自己。

就在那刻，忽見黑幽之處，有兩棵巨樹被無形之氣從左右兩邊分割開來，刹然撲出一個黑物，定眼看真是一具極度猙獰恐怖，滿面腐瘡的鬼物！

鬼物妖眼如火紅欲裂，張開血盆大口，獠牙利齒，長舌擺動，披着黑色亂髮的飛頭鬼，向着法恆直撲而至，好像要將他狠狠的吞噬！

就在那千鈞一髮之際，法恆突然間雙手不由自主的結出手印。左手結成道指手印護着胸際，右手便結起金光指手印，向着那飛頭鬼直劈開去，跟着大喝一聲「五昧真火」，金光指間凝聚出現一大火球，如雷霆萬鈞之勢，將飛頭鬼打到灰飛煙滅。

就在此刻，法恆就在那夢授的境界中醒過來，坐在床上，右手仍是緊握着金光指的手印。他整個身體全是熱汗，濕透全身，不斷喘氣，心感如迷幻一般，但覺受又真實無比！他看着手印怔怔出神，不能自已。

我們茅山法教之中，有「夢授」之奇妙法門，主旨在於弟子有如何精進修練，有堅固的道心，因應自己的緣份而被師公們恩點，作陰師飛渡之法，扶持弟子的魂頭在法界之中授予先天的法門。這是互動的修行，亦是仙師們對壇下弟子的試煉，如你在人世間行為品德和修煉不精進者，不尊師重道者，實難求取到師公們的一功一法。

【第九回】

大白輪光

大白輪光

在八十年代中期，法恆有一個機會前往英國倫敦讀書求學，他修讀了一個為期三年的專業設計課程。

在這三年進修課程裏，他不單只努力上課學習，在倫敦的寧靜環境裏，他閒來多了時間思索一下，如何正式投身宗教，正正式式學法問道的旅程。

自從六壬仙師賜法四重天法力給自己「啟靈」後，時光飛逝，眨眼之間已經是三年半前的事了。

在他心目中如火燒一般，好想能找得一位名師學道學法，但如何尋找名師學法呢？他完全沒有頭緒。在這一點上面法恆煩惱非常。

話說法恆前赴英國讀書的同時，他亦携帶了自己心愛的小釋迦銅像，安奉在宿舍房間內靠窗的書枱上，他還在唐人街買了個小香爐，線香等等，每天早晚均上香敬奉釋迦、仙師諸尊等等，風雨不改。

法恆努力上課之餘，亦分配了時間多看一些關於道家和佛學的書籍，盡力在未拜任何師父之前，對這兩個宗教作進一步的認識。閒來更修習唸頌般若波羅蜜多心經，盡量多些感受一下佛陀的智慧，拉闊一下自己的思維。

法恒過去幾年的不可思議經歷，自己當然感受到仙佛諸尊對自己的奇妙召喚，那些經歷時常在他的腦海之中不斷穿插交錯，學法問道的思想和興趣有增無減。

這是法恒剛到英國求學第一年的聖誕節假期。

一天非常寒冷的晚上，望向窗外，整晚下着寒雪，還帶着呼呼的風聲從門窗的隙蓬處吹進他的房間。屋外靜寂，漆黑的晚上襯托着綿綿白色的冬雪，法恒獨處一室特別倍感孤單。

法恒坐在書桌前，望回書枱上的釋迦聖像，回想過去這三年半中，神佛賜法顯靈的經歷，突然百感交集，他內心深處，神佛對自己的顯現，根本就是對自己的召喚，繼而啟動自己的靈識，賜法啟靈，好使他能見光見聖，魂遊太虛，證實一切的那些種種，都是仙佛對自己的慈悲，用最直接簡單的方式來提點自己進入道佛之門，將來行法傳道，利益眾生。

他是清楚明白的。

所以他隨即取出一根線香，把它點燃插在爐中，香煙繚繞，法恆頂禮釋迦，自然默默禱告：「弟子法恆得蒙仙師之恩典賜法啟靈，多次造就弟子，在現實世界裡見無量佛光，仙師放法加持等等，自此之後，弟子亦期望能拜師學法，希望將來學法有成，能盡己之力傳教傳法。

但弟子正值青年求學時期，還要專注學業，但亦祈望能拜得名師，從佛道兩線學習修持，因現在的我，沒有任何途徑覓得師父拜學，苦無頭緒，所以希望釋迦能保佑弟子，早日覓得名師，投入宗教，學習佛道之法，利己利人。」

法恆向着釋迦聖像盡吐心中抑壓已久之情，訴說之後，法恆更激動得流下淚來，良久良久……

就在這真情告白之後，不可思議之事再次出現，一道大約三尺直徑的大白輪光，從窗外小花園之夜空中，作一個S型的飛行方式，由外邊穿過大玻璃窗，飛進釋迦聖像之中！

那大白輪光瑞白聖潔，光芒耀燦，由聖光在花園外出現，直至大白光飛進釋迦像之中，法恆都是親眼目擊整個過程，又一次佛陀顯靈，大白輪光聖潔無比，他心裡明白此一光明的顯現，正是佛陀聽到了自己的心聲，也是釋迦對他的即時回應。

法恆興奮莫名，他剛剛向釋迦告白了自己的心聲，不過兩三秒鐘之間，大白輪光就出現於他的眼前，何等玄奇！何等聖潔！

與此同時，一陣陣檀香芬芳之氣息充盈着整個小房間。

接着法恆盤坐於書枱前的椅子上，突然有一股無形的靈力，

如飛針一般從他的腳掌底進入他的身軀，由雙腳再游行於丹田，
接着氣走全身，整個身軀綳緊欲裂，但又舒泰無比，
那股真氣衝往他的雙手十指之間，
推動他的手指不停地變化着不同的手印。

時間靜悄悄地流走，那股真氣亦慢慢退卻，法恆定過神來，
望着案前釋迦聖像，心內感恩之情不斷激盪，
自覺自己只是一個寂寂無名的凡塵小子，
仙佛為何對自己如此厚愛？

如此經歷他的學法求道之心更加堅實如鐵石金剛，
堅固無比。

【第十回】

師尊的信

佛光初現

師尊的信

還在新年的假期裡，法恆收到一個同學的電話，這位同學名字叫志明，志明在電話之中如發現新大陸般的興奮，他對法恆道：「你快點出來唐人街萬眾書店，我發現了幾本著作，其作者與你奇遇很是相似的，我在書店等你，快！」

志明與法恆都是從香港到英國一起讀書的好朋友。法恆也有透露他過往的仙佛奇緣。

不足大半個小時，法恆乘 Underground 列車很快地便來到約會志明的書店。志明一見到他便立刻拿那些靈書給他看，法恆接過其中一本靈書，封面印了書名為《靈機神算漫談》，他立即揭開內頁細閱內容，不久便被內容描述的事跡所吸引着。當時那書的作者有三本作品正在上架中，法恆便將三部作品一同買回宿舍慢慢細閱。

法恆用了兩天的時間，一氣呵成把這三本靈書飽讀完。其作品有着懾人的魅力，內容相當精彩玄奇，與自己的遇仙見佛的奇遇更有着不謀而合之處。法恆心中相當拜服，心想如果這位師父能收自己為徒，那是自己多大的福氣呢，因此法恆再看看靈書的最後一頁，有印着作者的介紹和聯絡地址。他細閱內文，這位師尊原來是一位道、顯、密三修的成就者，尊稱「蓮生活佛」，現居於美國西雅圖，更建有教場「雷藏寺」。

法恆已定下決心，即刻執筆行文寫信給蓮生活佛，懇求活佛收自己為徒，指點入門之路，拜學藏密大法。於是法恆行筆如飛，將他自己真實的遭遇撰寫出來。字裡行間充滿了拜師學法的殷切期盼，也道出了仙師和佛菩薩的恩典。自己將來學之有成，必定以法助人，成為弘傳道法、佛法的一份子。

法恆把信寫好，當假期完了之後，立即到郵局將信件寄出到西雅圖，希望能盡快收到蓮生活佛的回覆。

相隔大約兩個星期後，有一天早上，法恒見到房門底有封信時，應該是包租公收到他的信件，於是把信件放在房門底給他查看。

法恒隨即拿起信件，一看此信件是由美國西雅圖寄出，心中頓感興奮和緊張，他的手微微顫抖地把信封拆開。

法恒拿出信紙一看，此信正是師尊蓮生活佛的親筆信，信中只有四行文字，但是內容既精確而簡述了他與佛道之間的因緣，亦接受了他的拜師。收了他為徒，賜他法號為「蓮花□□」，也指示法恒有緣和有時間的話，可到西雅圖見師尊，蓮生活佛會親自傳授密法給他。

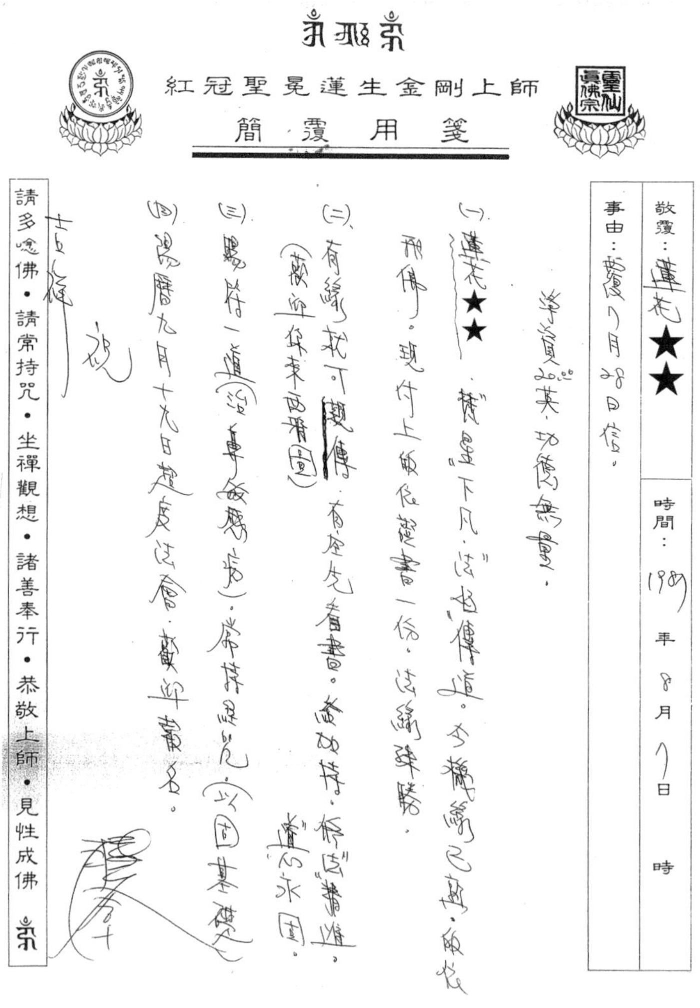

紅冠聖冕蓮生金剛上師

簡覆用箋

敬覆：蓮花★★

事由：覆7月28日信。

時間：1987年8月7日 時

淨資20元 其功德無量。

(一)蓮花★★，精進下凡，法相傳道。今機緣已熟，故允飛傳。現付上皈依證書一份。法緣殊勝。

(二)有緣我可親傳，有空先看書。余加持。修法精進，道心永固。(歡迎來美西雅圖)

(三)賜符一道(治事無障礙)。常持咒(以固基礎)。

(四)陽曆九月十九日超度法會，歡迎兼名。

祝

吉祥

請多唸佛・請常持咒・坐禪觀想・諸善奉行・恭敬上師・見性成佛

▲ 當時由美國西雅圖寄出的書信，記錄了蓮生活佛師尊與法恆聯繫的書信內容。

更震撼的是，蓮生活佛在信中第一句已道出法恆前世今生的法緣，「蓮花□□，梵星下凡，法恆傳道，今機緣已熟，皈依我佛。現附上皈依證書一份，法緣殊勝。」

法恆熱淚盈眶，喜悅、感恩，情緒激動，百感交集。多年屈於心底的結，今天終於被師尊蓮生活佛解開了。

一個天南地北的兩位長輩，經上天的賜示，道出了自己的前世身份，今世任務的因緣。心情實是既激動又感恩，驚歎法海弘大，宇宙玄奇。

從那天開始，法恆欣喜拜得名師，努力進修自己學業之餘，閒來每天均學習修煉師尊指示教導之法本經咒，從藏密四加行法開始，由簡至深，謙卑學法，拾級而上，艱苦而充實的學法之旅由此展開。

【第十一回】——燈柱下的亡靈

佛光初現

燈柱下的亡靈

二十多年前的一個初夏清晨，我看到床頭櫃上的小鬧鐘，時間已是早上七點半了。我和太太於是起床梳洗，準備上班。

就在我們更衣的時候，突然聽到外邊「嘭！」的一聲巨響，打破了清晨的寧靜。

太太還跟我說道：「是撞車嗎？」我當其時不知何來的感應，回答她道：「應該唔係！」

我倆換過了上班的行裝後，我們便照日常上班的途徑前往巴士站，途經相隔一條來回的行車路，便行到元朗西菁街富Ｘ廣場附近的時候，我看見有很多警車和新聞採訪車，均滿滿的泊在路旁。

當時香港最大最前線的電視台、電台和報章雜誌的記者們，均圍着富Ｘ廣場的停車場出入口處進行拍攝和採訪。而警方亦佈下了封鎖線。

當我行經封鎖線的時候，我看見一位女士正在歇斯底里地哭泣着，我心裡甚是難過，再看清楚那位女士原來我自己都認識的，但礙於當時情況，和太多記者在現場採訪着她，故此不便行前問過究竟，但我已心知不妙了。

當時還未有智能電話，在巴士上的我不能夠即時查看新聞，探知早上剛才的突發事件。

直到晚上回家收看電視新聞時，才知道早上事情發生的來龍去脈。

據當時新聞報道事情是這樣的，那朝早上七時三十分左右，有一名槍手開槍擊斃了一名在元朗富Ｘ廣場居住的黃姓商人。

據報道稱當時該名槍手尾隨跟蹤死者，於位置距離約七個人的身位時，就向該黃姓商人叫了一聲：「黃先生早晨！」當該名商人回轉頭來應看誰人跟他打招呼時，他便被在他身後的殺手，向着他的頭部開了一槍，黃姓商人即時應聲倒地，頭部彈孔處濺出鮮血，使停車場出入口都是血跡斑斑，場景恐怖。

而那殺人兇徒得手之後，便乘接應車輛絕塵而逃，事後流傳此槍手行兇後已潛逃中國內地。

原來，在那天早上那「嘭！」的一聲巨響，就是兇徒行凶時的槍擊聲，而在案發後，我見到那位哭泣的女士，正正就是被槍殺黃姓商人的妻子。

後來經警方追查之下得知，該名黃姓商人極有可能，因為在中國內地買賣土地金錢問題上與人結怨，而被買兇殺人，招致殺身之禍。

這件凶案發生了大約兩個星期後的一個晚上，我如常下班後回家，我回家時亦必須要途經該案發現場地點，那是一條必經之路。廿多年前的元朗西菁街，當然沒有如現今的興旺，那時候的西菁街兩旁都是吉舖為多，又或者做修理汽車的小店為主。

一到晚上收工下班的時間，就是一片靜寂，那是一條單程車路，車路兩旁亦有一些咪錶泊車位的。記得當晚我行經案發地點的對面行人路，直往回家的路上，大約還有七八個車位便到達凶案現場時，兩旁街燈昏黃，整條街道一片詭異肅殺的氣氛。

我徐徐前行，在淡黃的燈光照明下，我忽然看見街燈柱之下，有一名身穿西裝打扮，身材肥胖的男子，他雙手插着褲袋，頭部緩緩四十五度角地斜望前方的富X廣場B座，大約中層的單位位置。

當我慢慢行近他還有大約四個車位的距離時，感覺他的外型相當眼熟，就在我心中一團狐疑之際，該名肥胖的男子就向我這邊緩緩地望轉過來，此刻的我猶如晴天霹靂，全身毛孔豎起，顫抖非常！

此人正正就是兩個星期前被槍手暗殺擊斃的黃姓商人！他呆望着我，面容僵硬，外表雖與常人一般，但是他整個人都有着一團灰暗之氣籠罩着。

他木無表情，但神色又帶點悽怨，
如此清晰的靈體我都是第一次見到。

我此刻的驚嚇真的非同小可，我不由自主地
走出單程路中間，快步地往前急行，但是自己的一對眼睛
一直都沒有離開過那位黃姓商人所站立的位置，
但是在我一眨眼之間，他已消失於無形之中，虛空之間。

回想起此事，當時黃姓商人的靈魂顯現，
的確正是他的中陰身。他不從其他形態出現，
顯然他突然死亡的怨氣還相當強烈，
所以仍然游離於案發現場。

還有一個可能性，這是我從法科角度去估計，他的家人極有可能沒有委托一些高僧大德，在頭七、尾頭的重要日子裡，設壇做一些佛事，例如「蒙山施食」，又或者「三時繫念」的佛法回向給亡者，而且亦沒有在案發地點做一次招魂超幽的儀式，所以他的靈魂依然游離於凶案現場。

這個可憐的魂魄將會浮沉遊盪於此地界之中，永遠虛虛惘惘，惶恐不安，千萬愁苦地繼續漂泊於此！

定立師父寫上一偈以記此事

魂兒流漂泊，惶恐自我知。
佛法照光明，蒙山施食好。
三時繫念法，功德無量海。
修行知因果，諸惡莫作是。
恆持常念咒，法身自光明。

【第十二回】——學習密法

佛光初現

學習密法

自從得到蓮生活佛慈悲收了自己為徒之後，我每天都有根據師尊的指引教導，循序漸進地學習密宗的「上師心咒」、「上師相應法」、「四加行法」等。

直至學業完成之後，回港不久便找尋自己專業的工作行業，在投身職場進入社會工作的過程裡，工餘後盡量都每日一修，每每行法練習的過程中，都能好順利地學得上手。由一張白紙，慢慢地感受到佛法當中的偉大！

那密宗的「四加行法」，雖然是密宗弟子們初入藏密的基本功夫，但「四加行法」當中包含了大禮拜、大供養、四歸依、金剛心菩薩法，這四個修煉的層次遞進，對密法修行者來說是相當重要和寶貴的修法鍛煉。

修大禮拜加其中的觀想部份，可使修行人淨除雜緒，化為光明，把自己傲慢的心清除，用最至誠至謙卑的態度，禮敬諸天菩薩，諸天護法金剛，密門祖師和金剛上師等等，白紅藍三光普照於己身，修行人便自得清靜的身口意三密，修法的道心更會慢慢地而日漸堅固。

密宗大供養法，就是「供養曼達法」。修行人修大供養法，即是要供養上師、三寶、金剛、護法等等。

修此法者是表註修行人的虔敬，恭敬十方法界三世一切諸佛，諸天菩薩，頂禮諸天護法金剛，以及自己授業灌頂的金剛上師，因而得到祂們的加被之力，得到無窮的祝福也。

修此法時有供養印，要唸供養讚和加持供養咒。觀想壇城上的鮮花、壇香、法燈、香茶、香酒、禮果等等，這是基本法壇五供，還有供桌上的糕點、齋菜、密法典籍、僧衣天衣等等，觀想以上供品化作千千萬萬而供養諸天十方法界、上中下三界一一供養圓滿。

此法的主旨在於「尊敬」、「親近」、「事奉」密法，由此而得到加持力量。

有了加被力的加持，修任何一種密法都皆得成就。

師尊蓮生活佛曾經教授指出，「四皈依法」是堅固自己對上師三寶的信心，是與上師及三寶永遠的結合，與佛永遠有緣，是獲得上師三寶的加持，是自己發菩提心的初步。

我自從勤修此法後，當自己一站立或靜坐做每日一修功課時，上了明香，唸起咒語和觀想後，一切凡文雜思，便能一一清除，上師及本尊三寶，就會歷歷在自己修觀的法界之中，眾師佛便慈悲放出種種光明，加被在自己身上，自覺身心清涼，福惠增益，到修任何經咒之時，更不自覺地易於上手，朗朗於經典之間，這些種種就是上師三寶的加持力吧。

修密宗的「金剛心菩薩法」，最重要明白何謂「金剛心」，金剛代表「不壞」、「空性」，「薩埵」代表菩薩，「金剛薩埵」就是金剛菩薩。

「金剛薩埵」是菩薩本身，代表慈悲。「金剛手菩薩」，是象徵力量，代表「方便」。而「金剛心菩薩」，是象徵「意」，代表「法旨」。

金剛薩埵原是「意」、「法力」跟所有「智慧」的結合。三者其實是異名同體，而「金剛心菩薩法」中，除了有秘密的觀想法、經咒、手印外，主要是修「金剛薩埵百字明」的咒語，持「百字明」有它的觀想法和心訣，但主旨就是「百字明」有懺悔的密意，持之以恆的修煉，就會產生「懺相」和修出「懺真」，懺出一切懺悔的根源，從而在行者的修持生活中，慢慢將人類有情時常犯戒的貪、嗔、痴三毒害，慢慢在我們的修行中消除。

而「百字明」的另一要旨就是協助修行人修出「空性」，當修行人的心和金剛薩埵的心完全一致的時候，就會顯現空性，繼而顯現佛性。

其當中的力量就將所有業障化為空性，可淨業、可滅罪、可懺悔，「百字明」真的是咒中之王，殊勝無比。

【第十三回】大悲神咒

大悲神咒

回想起自己被啟靈的那一天，自己親眼目擊佛光閃耀着
璀璨的光芒於觀世音聖像背後的那一刻開始，
自己好像已被慈航的威德緊扣着，玄妙的緣份，
使我對《大慈大悲廣大圓滿無礙大悲心陀羅尼經》中的大悲咒，
特別感到興趣和喜愛。

自此亦得到上師們的指點，
開始修習了大悲咒，當中行法唸咒時的儀軌、觀想、手印、
咒音混合其中，產生無量聖德，慈光萬丈，照耀自己，
心中喜樂，一唸難忘！

在自己的初段修法的日子裡，直至今天的我，此法從不忘廢，只會越修越得到禪樂法喜，不斷感受到觀世音菩薩對自己的不離不棄，佛光加被，慈悲扶持，越修越感受到大悲咒的中心主旨，就是「悲心」兩個字的影響力。

沒有「悲心」就修不到大悲咒的真如真諦，所謂「悲心」就是慈悲的心，在我們日常行為之中表現出來，慢慢淨化我們的貪、嗔、痴之三毒害，悲心常駐，很多人間的種種壞習慣，是非恩怨，物質的追求，名利爭逐等等，愛恨糾纏都會在自己精進的修持之中漸漸淡化，更至於無形。

更因為此陀羅尼的殊勝功德，所以我在數年之前在密壇向觀世音菩薩祈許，在密壇道場開展我的經咒傳道法行，開設了經咒班，教授「大悲咒」、「金剛薩埵百字明」、「佛頂尊勝陀羅尼咒」、「藥師琉璃光王佛心咒」、「觀世音菩薩普門品」等等佛藏經咒，當中有修法的儀軌，以及定立師父的修法心得和心訣。

有一天晚上，我在壇內如平時一般修持觀世音菩薩「大悲咒」法門。在修法時，大悲咒之咒音，化為獨特的音頻，殊勝的音頻，漸漸帶領我進入了觀世音菩薩世界之中，大悲咒之音頻助我隔絕了壇城外的城市繁華之聲，一片靜寂，突然之間，在我神識之中出現了一朵淡淡粉紅色而透白的大聖蓮台，蓮台之上站立了一尊觀世音菩薩，觀音大士身穿潔白聖袍，珠寶莊嚴其身，慈航左右手臂之上，有金光燦耀的臂環，金色臂環更滲出柔柔紅焰的光芒，紫竹林中現聖跡，如此勝景妙象，過程感覺良久良久，到出神回醒之時，我仍手持念珠，口中依然唸着大悲神咒，眼看手上腕錶，唸經過程已有一個半小時之久，但自覺神識出竅只是瞬間之光景。

我心存感恩慈航之厚愛和扶持，我定立師父將用卑微之力，用金剛堅定的心和態度去傳授佛陀之蓮華般若，與有緣學法的你，同修同德，把這些寶貴的經咒佛藏，一點一滴的傳承開去，明心見性，了卻生死，同修佛果。與各位有緣人共勵共勉！

【第十四回】

拜師前的夢境

佛光初現

拜師前的夢境

機緣之下，在網絡節目上認識了我的茅山道法恩師，簡信回師父，簡師父為人爽直豪氣，時常帶着微笑的他，為人友善風趣，但又帶着宗師級，不怒自威的氣勢，在節目上的他每每在談論靈異事件的態度，都是那麼客觀而一針見血，簡師父常以法科和科學的思維去論述那些靈異個案，既持平亦透徹，往往使我甚感拜服。

一天下着微雨的晚上，我鼓起了勇氣致電給簡師父，作拜師的請求。簡師父細心聆聽了我的拜師學法之因由後，他便欣然接受了我的拜師請求。更即時約了我在下一個初一的禡期到其神壇見面和拜師。

約定了簡師父後，就在我要到期上師父神壇的前一天，我睡覺時發了一個奇異的夢。

在夢中我上到師父神壇，簡師父迎接上來，微笑着帶領我介紹神壇主神祖師、神壇牌匾，神壇結構等等，當師父介紹牆壁上一幅巨大菩薩畫像時，我抬頭一看就心生歡喜，那正正是一幅準提佛母畫像，因為我在密法的修煉中也有修準提佛母本尊法的。

整個夢境的過程，我都記得清清楚楚，如同現實中發生一樣，夢醒後都記得一絲不漏。

【第十五回】——拜學茅山道法

拜學茅山道法

很快就到了約定拜師的晚上，心情亦不自覺地緊張起來，簡師父的神壇我事前是沒有上過去的。感覺既興奮又新鮮，學道法是我內心滾動了很久的一件心事。

想起當年六壬仙師、李靖仙師分別賜法啟動我的靈力，那兩段不可思議的經歷，仙師賜法的恩情，我自己一直都沒有忘記，一直都銘記於心。

雖然在拜學茅山道法之前，我已經開始修習了密法，但我一直沒有忘記道家仙師們對自己的恩情和扶持，

更因為我自己對道法中的符章法術，招神驅鬼之法，
都有着濃厚的興趣，所以因緣一到，我就拜學了簡師父門下，
學習茅山道法神功，一圓自己的夢想。

話說上到師父神壇，簡師父真的如在夢中一樣，
親自帶領我參觀他的神壇，當我隨着師父的引導
介紹道壇的一景一物時，我正正看見了那幅在夢境之中
出現過的巨型準提佛母畫像，就掛在牆壁一角之上，
我心中轟然一下，接着師父再介紹其他仙師的實體像時，
感覺全部都非常熟悉，所有神枱案桌全部都在夢境中出現過，
但最震撼的場景就在最後一刻出現，就是主壇下層一部份，
供奉着「三天大帝」的神位和「五方五土龍神」神位的中間位置，
有一支青竹，同我在夢境中的場景完全一樣，

我問師父此竹的設立有什麼意義？

師父回答道：「這是宗派傳承的代表意思，其中貼有青竹靈符一條，竹內也有一條鎮壇靈符。」此下壇的擺設和那一條青竹，就和我在夢中見到的一模一樣。

在我夢中還有一場驚心動魄的場面，這就是當師父講述青竹的象徵意義時，突然之間，在四周不知何來的刀刀劍劍飛插過來，直劈向師父和我，就在那千鈞一髮之間，那條鎮壇青竹，驟然飛越過來去隔擋那些刀劍，青竹在虛空中不斷旋飛，破擋那些刀劍，全部刀劍敗於剎那之間，散滿地上。然而我看見師傳在夢中打出一個空翻，我亦同時用右手輕扶師父背腰之間，師父就飄然落地，站於我的身邊，接着他對我笑着說道：「這就是大羅金仙！」

夢醒。

我在簡師父門下拜學茅山道法，就在這個不可思議的經歷下開始。

【第十六回】

茅山金英七台教

佛光初現

茅山金英七台教

半年過後，得蒙家師恩典指引我過茅山金英七台教，此過教程序要歷時整整七天，每天都有不同的儀式內容，例如要過香火、要過頂刀、更要藏魂寄石、寄海、食大細靈符二百多條，不同層數的硃筆封身，在高台上接教領授佛、道、仙三界何界之法，傳授符書和法扇等等，過程連續七天，雖然辛苦，但既充實又法喜滿溢，使人刻骨銘心。

當時更幸得在馬來西亞享負盛名的茅山金英派的一代宗師，陳法應師公，親自來港為我們壇下弟子過金英七台法教。

師公告知我們金英七台教之層次和法力已等同一位傳教師一樣無異，但當時的我絕無此輕浮之心，我知道什麼法門都必須要經過時間的洗禮、鍛鍊和實踐，三者之結合才能修出心得，練出法力。絕對沒有垂手可得的事。

過了金英七台教大約一年左右，我再經恩師賜教本宗「茅山觀音白蓮教」的教底，拾級而上。腳踏實地來去修煉。

密道雙修，正式由那一刻開始。

不可思議的修煉過程，我將會在後來的章回之中，慢慢同大家分享。

【第十七回】——茅山符籙顯威靈

茅山符籙顯威靈

我記得還在初入茅山門後，在師父的指示下，我用了大約半年的時間都是學習最基礎的咒語，和寫符的技巧，在這段時間裡，我不斷專心操練符章，操練僮身。閒來就會寫不同的靈符，在此亦非常感恩簡師父在符法上特准我可以練寫各類型及各類層次的符章，加上我自己本來在中學時期就非常喜歡毛筆書法的，所以我在畫符的功夫上，特別容易上手。

符籙法我實在下了很大的鍛鍊，有時一寫符就寫上三四個小時，亦常被師父和同門的讚許。

茅山靈符種類繁多，有驅邪的、有鎮煞的、有醫病的、有招財的、有化小人的、有禁制小人百煞的、有淨屋旺宅的、有動土的……甚至有些靈符的組合要配合畫公仔形態的，符要講求何位祖師出令的分別，當中亦有符的來意，敕令何等兵將去執行符令的，還有重中之重的符膽，符膽亦是整條靈符的核心靈魂。

畫寫符章是祖傳的文化傳承，執筆寫符的茅山弟子，首先要敕起墨硯，敕淨符筆，配合咒語真言，收攝心神，守於清明。

接着用自己的專注力將符章一氣呵成地寫出來。此符符章才可稱得上神、氣、靈三合交併而成的靈符，此符才有力量。

然後再在神壇前案上敕香起咒，打出手印吐出真言，起動靈符，用三支清香開光，敕封靈符法印，祈請案前三法師及接令符使，為開光靈符執行符令。

就在這時候靈符便有仙師佈光加持，虹光萬丈，靈符顯應，法法通靈的力量。

我們道家的符籙文化，已經源遠流長，早在從太古軒轅皇帝時期開始已有各類符章流傳下來，在東漢時期的張道陵張天師一派傳承最為完整，集多代而形成「正一道」的符籙系道教流派，

後有唐朝國師李淳風仙師的六壬派一脈，
而後承道法系者有三茅真君一脈，在每一個朝代，
都放出道家符籙法系的異采光芒。

定立師父，得茅山符法真傳，由敕墨、敕筆起咒，
而收攝心神，繼而揮筆寫各類靈符的修持中，
我悟出當中的心法要訣。起筆畫符一定要心神專一，
注精、氣、神於筆觸之上，一氣呵成，揮筆而就。
（書寫符章時，是不可以與別人對話，一對話後，符的氣勢頓消，便沒有光芒）

符中有先天密碼，也是天機神術，仙佛密藏法旨，
可調兵遣將，符籙可役使雷霆，召喚山川神將，宇宙符號，
可動天地萬物於神令之內。

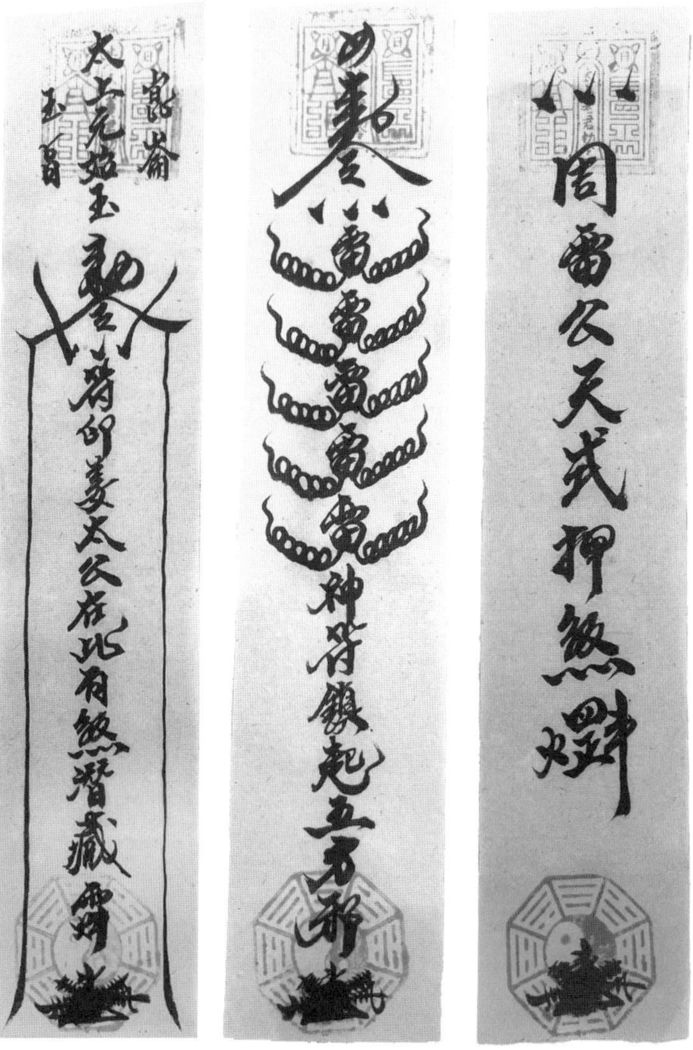

▲ 由定立師父揮筆之三道靈符，結合神、氣、靈，力量靈應。

飛符一法亦可飛越界域，跨越海洋山嶽，
助善信破病除邪於無形之中，收驚壓煞於彈指之間，
驅魔辟鬼於毫光之剎，妙用無窮。

定立師父亦用此「飛符」之法，幫助了很多海內外善信的危急求助，藉此驅邪鎮煞，化病扶危等等。「飛符」一法非常靈驗，協助善信化解了很多危機。

符章一筆一畫的結構，都是我們中華道法文化之秘密瑰寶。所以我定立師父，立志將師父我派的所有茅山符章，都會重新核對校正民間流傳中的謬誤，以正我茅山派之法脈而輯檢成書，好使後學更容易融會貫通，薪火相傳。

【第十八回】

真僮下降現真章

佛光初現

真僮下降現真章

在茅山、六壬及其他道家神功法門之中，皆有「僮身」一科功法，相信很多讀者亦有聽聞。

在本門茅山派裡，「僮身」一科功法是所有弟子必修的環節之一，敝派當拜師弟子學法在行拜師禮儀的那一天開始，「陽師」已經會為這一位新收的弟子放法求取師公賜予其「僮身」。

所謂「僮身」者，就是與學法弟子最有法緣的師公，給予那位弟子常駐於其身旁扶持的變化身。

在神功界尊稱為「僮身」實質而言「僮身」亦即是仙、佛們的「變化身」，又或是祂們的金剛護法，祂們應真心弟子們的求僮學法之請，會回應弟子們因應與師公們的緣份，而附法上該弟子身上，其實這是真僮法流的賦予。

在求僮這一功法之中，定立師父都有親身的體驗和經歷。我在學茅山法門的過程中，有兩個大法門，我一直苦加修煉，那就是符籙法和求僮身法這兩方面。

回想當初，工餘後就會趕赴神壇換茶換酒，清理打掃壇城，做完清潔工夫之後，便和兩三位師兄弟一同練習「操僮」的功法。

唸起「求僮咒」，收攝心神，雙手合十，站企在法壇之前，一切忘我，當中的心要就是專注空明，待法流自然而入體內，道心要堅固，要決志而站企求僮，不論時間，精誠所至，心於守一。

我的合掌十指之中，漸漸會有麻痺之感覺，繼而強而有力地游走於指掌之間，丹田胸膛之中，雙手兩腳亦不由自主地撥手開步，由慢至快，此等情況我們法科界稱之為「開手發腳要功夫」。

定立師父過往操僮的時候，都均有以上敍述的狀況出現，甚至要出一套完整的功夫套路，當時的我，一切在忘我境界之中，但自己的靈識是完全清醒的，

▲ 定立師父於壇內在眾弟子前親身示範並教授僮身功法之要訣。

我隨那先天法流帶動自己作出行雲流水的動作，前後合共要出三套不同的功夫套路，那次師公的法流激盪無比，神人合一而同體，更打出手印，這可稱為真幢下降、實是難能可貴。

「幢身」為何在神功界佔有那麼重要的位置呢？其實「幢身」對修道法者來說是十分重要的，定立師父有下列幾個重點與大家分享：

一．請得師公真幢下降的話，師公法與自己同在，一念一意之間如修法者要施法做事的時候便會法力倍增，勅符、喝令、驅邪鎮煞，調兵遣將等等均會揮灑自如，顯法雷霆之勢，做事能事半功倍。

二．請得師公僮身下降，附法力於行者身上時，僮身一定會顯示一些力量和功法給你，例如僮身的力量會驅使你不由自主地跟隨着師公的僮身法流而游走，尤如武術的功夫套路，有師公給予你一些能通經活絡的軟體柔操，對學法者身心最有裨益，仙師們相當慈悲。

三．請得師公僮身下降，附法力於行者身上時，那先天無形的力量會帶動你雙手十指變化成很多不同的手印，例如定立師父在操僮時，就時常求得師公慈悲放法，繼而十指游動出現很多不同的手印，例如金剛指、六壬仙師手印、純陽仙師手印、千里眼、順風耳兩位護法手印，以及金剛薩埵手印等等，以上全部都得到師尊們的查證。那推動變化印訣的力量，那法流的力量有時候尤如要將你手指折斷般大力，週身滿佈無上的能量，澎湃而洶湧，但亦舒泰無比。這樣的奇妙接觸，正正就會使學法者，信心滿增，向道行法的意志就會更加堅定。

四．請得師公真僮下降，附法力於行者身上時，顯化了手印，靈力帶動求僮者耍出百般武藝套路、招數、柔操、助施法者力量倍增等等，如果陽師在傳法授徒的時候，就更加容易於如何解說給自己的弟子們知道，自己的寶貴經驗和親身見證等等。

時間不是死線，恆心才是你的考驗。

【第十九回】——開宗立派

佛光初現

開宗立派

大約在九年之前，已經過了茅山大教，更獲恩師簡師父的恩准賜予我過茅山金龍教，並時常一見到面就鼓勵我開館傳教，終於在八年前，我求情了恩師的批准，設館授徒，開宗立派。

恩師在第二天已給了我扶乩所得的館名「觀賢靜舍」，還跟傳統，賜我開壇對聯：

「觀相如來定根宗，賢能達仕皆扶身」。

背負了開壇授徒之責任後，我到處覓尋適合的館口，當時還有正職在身，亦不惜將自己打拼多年的事業放下，在一半正職與一半神壇館務之中兜轉了好幾年。偏偏有兩頭不到岸的感覺，實不能瀟灑暢快地傳道傳法。

有見及此，定立師父在五年之前，決定放下自己的正職，確確實實地踏上傳法授徒之征途上。自己始終覺得承諾了師公菩薩的事就應該立志勇往直前，用自己多年來的所練所學所修持的法門，用大無畏及有教無類的精神開宗立派，創立了「道真玄學館」和「觀賢靜舍」分兩線傳道傳法於有緣人。

「道真玄學館」是以陽宅風水、教授佛門經咒為主。

而「觀賢靜舍」就以傳我茅山道法為主的神壇。

亦以茅山法科以法助人，解厄消困，驅邪鎮煞，以及授徒傳承我茅山法教，顯我老師公威靈，揚我老師公名聲。薪火相傳法統不息為己任。

開宗立派，創建道壇之後，承蒙仙師扶持，我定立師父之三位恩師密宗蓮生活佛、禪宗果賢大和尚、茅山派簡信回師父，亦得蒙他們的厚愛、指點，好使館務能慢慢茁壯成長。

以後章回之中，又或第二本拙作裡，就會出現很多我定立師父協助處理的不同個案的靈異分享，當中有恐怖的鬼故事，有詭異莫測的經歷，有探靈玄奇陰森的畫面，我都用我的鐵筆，將真實的個案寫出來，帶出因果孽緣之關係。

以佛法、道法的正統觀念，用簡單的文字，繼續為大家呈報分享。

【第二十回】

八號風球下的嬰靈哭訴

八號風球下的嬰靈哭訴

兩年前一個中午，天文台仍然掛着八號風球的信號，那一場颱風，風和雨都是不大，市區內雖然一片靜寂，但還有一些茶餐廳照常營業。

那天的我，大約早上九點多便醒來，在我身邊的太太還睡得很甜。我看看窗外的風勢天氣，又好像平平無奇，只是間中吹起點強風和小小雨點。

於是在百無聊賴之下，決定回神壇做些風水開盤的工作，等到太太也睡醒，我們梳洗完畢後，便到附近的茶餐廳吃個午飯，便步行回道壇了。

因道壇很近我們的家，所以行十五分鐘左右就到。

我們回到神壇不久，我便收到一個信息，打開信息看看，是有一位女善信，求助關於墮胎嬰靈問題，於是我就叫她直接致電給我，好使我容易了解她的情緒，和背後的遭遇。

我接聽了她的電話，從電話那邊傳來一把很柔弱的聲音：「劉師父你好，我是黃小姐。」

我們客套了幾句說話後，我便開門見山地詢問她道：「黃小姐請問你何時做了墮胎之事？」

黃小姐回答道：「墮胎之事已是大約十五年前的事了。」

她緊接着地道：「劉師父我很內疚過往落咗 BB 之事，心中一直不安。」

話語之間不自覺地流露出傷痛和悔疚。

我跟她說道：「事情已經過去了，今天你如想跟他們做回一點事情，你必須要到神壇做一次當天立誓，誠心懺悔的法事，師父幫你立寫奏章，呈上疏文，稟明諸天菩薩、觀世音大士和列位仙師知道，誠心拜懺，更祈求菩薩原諒，取得聖杯，法門才能開啟，以後再做其他佛事，功德回向給予嬰靈幽眾，他們才會接受你為他們做的任何法門功德。」

黃小姐很快的回答道：「劉師父我可否現在來神壇找你？請你為我做這個懺悔法事，我心中實是很不安寧。」

我回答道：「黃小姐現在正打八號風球喎。」

黃小姐緊接着地道：「我家住黃大仙區，我傳呼的士到你荔枝角神壇應該很快便會到達，而且現在外面風勢很是微弱呢。」她緊緊地求拜會於我。

我在電話中聽到她在說話之間，真的說話顫動哽咽，情緒不安，很是痛苦激動。定立師父在那一刻的心也被軟化下來、心生慈悲。

那麼我便應承她在兩個小時之後到達道壇，我便為她趕起奏表疏文，呈稟天庭，通報奏請諸天菩薩師公們，慈悲救度，給予她一個新機會，懺悔過往種種的罪孽。

兩個小時後，道壇門鐘一響，定立師父行到大門處，準備開門的時候，突然風聲呼呼，仿如幽靈哭訴一般，甚是詭異嚇人，我定一定神，把大門開啟，只見一位弱小女子，年齡大約三十五歲左右，瓜子臉兒，樣貌娟好。眼前這位女士正正就是求助的黃小姐，我當時定眼一看……她的背後有着一層層灰白陰氣跟隨着她。

我引領黃小姐步入內堂法壇，招呼她坐好，奉上了熱茶，當時我和她面對面坐着，神壇點着了檀香，正所謂香煙沉沉，神必降臨。在我幫她做懺悔法事之前，我心中已有一系列的問題要問清楚黃小姐的過往經歷，定立師父不想只幫到她一，幫不到她二，所以一定問清楚她過往所做過的一切，然後才施法幫助她。

我對她說道：「黃小姐請你老實跟師父說出，你墮胎之事是什麼時候發生的？」

黃小姐強作鎮定地回答道：「第一次是在我十八歲時做的。」她那雙大大的眼睛開始淚光盈盈。

我再問她道：「請問你落了幾多個小胎兒？」

黃小姐雙手緊握，先望一望我，跟住低着頭，聲音哽咽的說道：「我落咗好幾個。」

我繼續問道：「請問幾多個？四個？」她擰一擰頭，

我再問：「六個？」她猶豫地想了一想，又搖頭示意不是。定立師父那時我的內心開始有點激動起來，

我試探地再問她：「十個？」

今次黃小姐的情緒立即波動起來，

悲慟哭泣着回答道：「應該超過十個……」

她此話一出，我真的是晴天霹靂，連她自己都說不清楚究竟落了幾多個 BB，眼前一個斯斯文文，樣貌清純的女士，居然曾經做過墮胎之事那麼多次，這是令人震驚之數字，後面一定有着很多孽緣交錯的原因。

我憐憫着輕聲的說道：「不要那麼傷心了，點解你會做出那麼多次錯誤的決定呢？」

黃小姐低泣着，傷心地回憶那些片段回答道：「我年青時，前後都結識了幾個英俊男生，他們初初都對我好好的，很疼愛我，都承諾會和我結婚，但次次都係有左 BB 後，他們都會不負責任地離我而去！」

她崩潰地哭泣着，那一刻外邊的風和雨都驟然大了起來，風雨不斷地拍打神壇的窗戶，好像嬰靈群幽就在此刻來討債一樣！

壇外淒風冷雨，壇內香煙繚繞，我的眼光剛剛落在密壇坐上的觀世音菩薩聖像處，我佛慈悲，我低歎感慨着。

我回頭用手輕拍着黃小姐的肩膀安慰着她道：「黃小姐不要那麼傷心吧，知錯能改，善莫大焉。師父教你如何處理。」

我已經為這位黃小姐寫好了奏表疏文，表上當然有她的生辰八字和現居地址，好使天官神將容易追查。
我亦訓示了她一定要真心懺悔過往做了墮胎扼殺小生命的罪業，
黃小姐手執三枝清香在壇前誠心下跪下拜，默唸心中悔意。

我開壇頂禮十方法界三世一切諸佛，觀音慈航，
列位坐陣祖師。奏讀疏文，呈稟諸佛仙師，
黃小姐的人間悲劇，祈請眾位師佛，列列仙師慈悲開啟法門，
接受其誠懇的拜懺，得取勝杯。
日後由定立師父親自教授觀音法門大悲神咒，
用至誠至敬的心，身體力行，親自唸頌經咒，回向給她的小嬰靈。
因為自己作的孽需要自己親手還，
這才是最正確的做法，這才是最王道之行。

另外每年道壇的法會，例如：清明節、盂蘭節、重陽節的超幽法會必盡量參與，因為法會當中有「蒙山施食」的超幽大法，此超幽大法的經咒義理當中：

一．有勸解幽眾放下對現今在世人的追討執念和怨恨。

二．有密法經文放光加持幽眾增加他們的善根源。

三．經咒力量亦可使羣靈攝受佛力的加被充滿光明，而隨慈光佛照，各乘蓮華往生佛國或其他善處功德天界。

四．經咒文內亦會教導群幽棄惡從善，而得大喜樂。

我們道壇法會的功德殊勝，各人均可以參加一個、兩個，又或者三個法會都參與，幫往生者立回一些福德，自己亦添加了一些功德，自利利他，功德無量。兩線而行，嬰靈向你的追討和怨念，才會朝着你的真誠懺悔，自己身體力行時常唸頌經咒，和參與每年的法會佛事等等，聚積的功德力，嬰靈幽眾，便會漸漸遠你而去。

你個人的人際關係、男女感情、婦女暗疾、工作做事等等，都會因此而改變，會得人緣和合，感情得着，疾病痊癒，事業亨昌，諸如此類，裨益充滿。

我就是用慈航之道，指引黃小姐這等做法，後來她更參加了「大悲咒」的經咒班，由初初毫無信心，直至完成經咒班的前一堂，她已經唸得朗朗上口，法喜充滿，在這多年的經咒班學生中，我肯定她是唸得最好的前三名其中之一。

我用這麼大的篇幅寫出這個真實個案與大家分享，定立師父希望藉此能起到一個警世作用。

男女兩情相悅，好容易會做一些合歡之樂，但是同時男生一定要照顧好女生，女生亦都要好好的保護好自己，避孕方法甚多，也很方便，不能因一時之快，就做出錯誤的決定，恨錯難返。

血光追討，嬰靈纏繞，只會自作自受也。

定立師父寫上一偈以記此事

情慾海奔騰，孽緣隨流生，
翻雲覆雨過，種下忘情劫，
哭泣悔恨晚，情郎不是人，
追究無回念，嬰靈血光隨，
唯有大悲咒，觀音悲憫法，
普照羣幽眾，淨水遍十方。

劉定立師父

後記

佛光初現

後記 ❋ 劉定立師父

各位讀者、善信、網友大家好，執筆寫書，是我第一次的嘗試，亦是我個人的一個艱巨考驗。但自從向師佛仙師承諾了傳道傳法之後，我自己決定從不同的渠道傳遞佛法經咒之殊勝般若，仙法道術精妙之玄奇，誠望對佛道均有興趣的朋友們，都能透過我的文字，我的學法經歷，我傳教時的真實個案，都能啟動你們的道心，你們的佛性，一切在這個紛亂世界之中，學佛的智慧，修道的無為。

宇宙宏大星體浩瀚，希望各位能用有限的生命，學習佛陀無量的般若。窺探道法的真如，自利利他，明心見性，離苦得樂，了卻生死。

希望定立師父與各位有緣的朋友，在這道海之中相遇，同修禪樂，細味道趣。

在未來第二本作品之中，我會集中寫一些自己親自處理過的靈異個案分享，當中因果交纏的刻劃，都希望各位能夠領略得到其中的是非真理。

第二部作品的面世，一定要有各位友好讀者們繼續的支持和鼓勵，才能使我更有動力執筆，在此再次多謝各大善信，對定立師父的信任，及各位讀者對我的厚愛和包容，我在未來不論法會的籌備安排、經咒班施教的教材整合、茅山法脈的傳承教授等等，都會盡力做到精益求精，來答謝各位善信、友好讀者們的支持。

頂禮菩薩諸尊、眾位仙師的扶持，更感恩廣大友好善信的愛護支持。

祝各位如意吉祥，嗡嗎呢唄咪吽。

劉定立師父

壬寅年五月十八日，初夏

道真玄學館・觀賢靜舍

神壇館務

設館授徒
創立經咒班課程

定立師父創立了「道真玄學館」，以傳授佛法經咒和風水玄學為主。

設立「經咒班」的宗旨和意義

定立師父藉以佛法經咒之所學，和心得，用最淺白的言語，用最日常生活的例子，去解釋佛經之義意，咒語真言之奧秘。

希望能夠用「經咒班」的教材和儀軌，使對佛法經咒有興趣的好友們，能多一個方便之門，進入佛陀浩瀚般若的世界裡，各取禪樂法味，自添功德。幫助自己離苦得樂，了卻生死，同登蓮華海會，共證佛果。

▲ 劉定立師父於經咒班課堂內親傳教授，分享念誦經咒心得予眾弟子們。

▲ 課堂氣氛輕鬆，眾弟子們於經咒班課堂修畢後與劉定立師父及師母合照。

設館授徒
承傳茅山法教

定立師父先學藏密之法，而後再拜學「茅山觀音白蓮真心教」、「茅山金英七台法教」而得授業恩師簡師父傳我法教開宗立派，賜予開館牌匾「觀賢靜舍」。

在此弟子再次感恩授業恩師對我的栽培和厚愛，多方面的造就弟子成材，此恩此德，刻骨銘記。

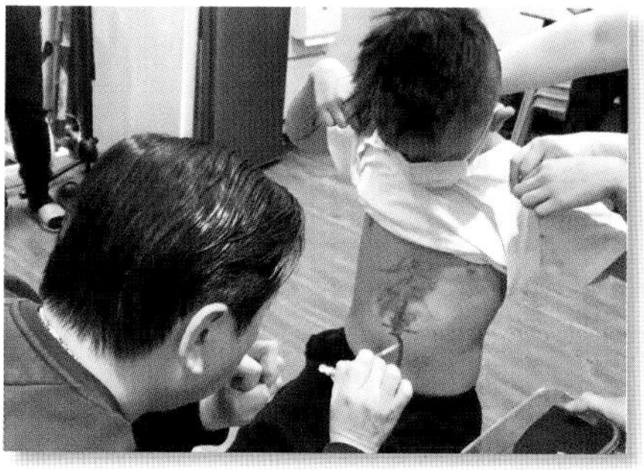

承傳茅山法教的宗旨和意義

- 定立師父藉以在茅山道法之所學，承傳符咒之本宗，整理輯錄而成，層層教底之法本，由小教、中教、大教、法扇金龍教，以及醫靈教等等。法本而為書，書中法教有咒語，各類教底的符章，用法和心訣，都一一輯錄而成教本，好使後學者更能容易掌握和學習寶貴的神仙法術。

- 學法者能夠護身保命，仙師不單只護佑門下弟子，弟子們的家眷仙師們亦會看守和扶持。

- 本着以法助仁德，協助善信驅邪鎮煞，迎吉避凶，諸等功德，自利利他。

- 承傳法教，以揚胡秀華師公之名聲，以顯胡亞輝師公之威靈，薪火相傳，茅山法教，法燄不息。

三次大型超幽法會

本道壇每年都有三個大型超幽法會

☸ 清明節超幽法會 ☸

☸ 盂蘭節超幽法會 ☸

☸ 重陽節超幽法會 ☸

以上三個超幽法會均由劉定立師父主持，帶領眾高僧大德和弟子們，一起持頌經咒回向給十方幽眾，當中法會的主祭經典有「蒙山施食法」、「三時繫念」兩套大法，分別在法會中都會使用。

報名參加以上超幽法會的費用中，已包括鮮花禮果、齋蔬祭品、清茶檀香、附薦衣包，以及高僧大德唸頌的經咒之費用已在其內。

書後頁亦附上三大法會報名表格，歡迎各善信報名參加。

超幽法會的功德

藉以眾高僧大德唸頌佛藏經典的功德力，
祈請菩薩放光加被十方幽眾得以往生極樂世界。

- 以經咒的無上慈悲、智慧之力，經文中均有勸解群靈的怨氣和執念，放下我執對生人之追討，而跟佛菩薩光明化穢除垢，以生佛國蓮邦。

- 以經咒的義理去教導十方群幽，增加他們的善念，亦藉此加強眾靈幽的善根緣，為他們添福添德，將來可往生善處佛地。

- 為往生者及十方幽眾報法會的善信，你們以此行徑亦同立了無量功德，可為自己消孽解罪，拜懺疚悔，以解自己在過去世，現在世的一切孽緣、重罪、惡疾之糾纏，和嬰靈對你自身的追討。

  你們的事業、人緣、姻緣、際遇、財運，便會漸漸逐步地一一解破和改善，自立功德福德，不疑有慮，以德而行吧。

MANKIND

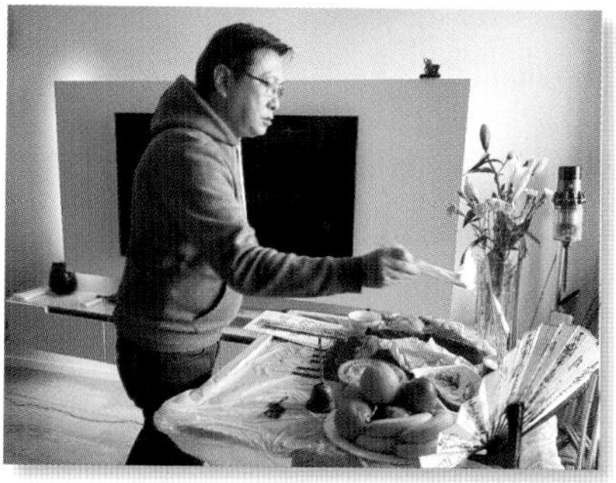

TOMMY

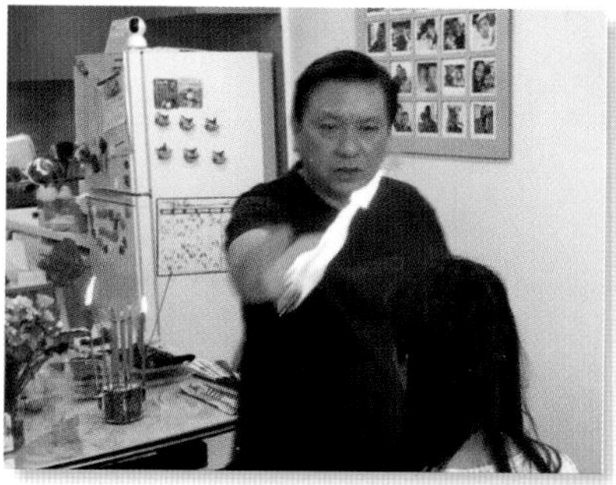

道真玄學館

道真開光精品飾物及風水擺件

劉定立師父會為大家所選的心儀飾品擺件，作親自開光服務，啟動增幅內在所蘊藏的力量，助大家風生水起，財運亨通，事業學業步步高升，人緣和合，幸福美滿，事事順利，如意吉祥，歡迎大家善信們及有興趣的讀者親臨館內結緣選購。

道真粉晶配紅瑪瑙符珠手串

功效：人緣桃花運、招事業緣、人際關係

- 粉晶最廣為人知的靈性功用在於其強大的桃花運磁場，除招桃花運之外，更有招人緣、廣招事業緣、拓展人際關係的驚喜功用，加上本身自帶的粉嫩紅，也被稱為魅力寶石或是姻緣寶石。
- 粉晶加強心、肺功能的健康，可鬆弛緊張的情緒， 舒緩煩躁心情，令你保持心境平靜。
- 符咒 - 配上貴人符 - 招貴人，旺人緣，助事業官運財運，來旺事業、化小人、催成功，心想事成，改變現下不如意之運勢，使福主飛黃騰達。

道真白水晶配黑瑪瑙符珠手串

功效：增益、健康、純潔、淨化、平和

- 白水晶是佛教七寶之一，又被稱為「摩尼寶珠」、「菩薩石」。
- 白水晶帶來健康，是最能夠平衡個人身心機能的水晶，有助佩戴者情緒的平穩起到安神的作用，對人體健康有莫大幫助，因此適合體弱多病、上班族、學生、老年人等對象攜帶使用。
- 護身符、平安符 - 具有符咒的黑曜石有辟邪化煞和抵抗負能量的功效，有防小人及架結界的作用，具有強大的能量。

道真彩虹眼黑曜石配黑瑪瑙符珠手串

功效：舒緩壓力、心平氣和、消除負能量

- 佩戴可以使人穩重、舒緩壓力、心平氣和、消除情緒困擾，同時還可以借助彩虹眼黑曜石來加強行動力、增加領袖魅力、向心力、對事業金錢運都有所以幫助，所以也稱「領袖之石」。
- 具有增強生命力、恢復體力、精神，對於經常動腦、上夜班的人來說，佩戴彩虹眼黑曜石可以起到恢復神清氣爽的活力，迅速進入第二天緊張忙碌的工作中去；對於女性來說，佩戴彩虹眼黑曜石可以達到防止不良異性的干擾入侵，改善運氣。
- 彩虹眼黑曜石的能量非常強勁有力，極具避邪化煞之功效；通常出入醫院、墓地等負能量重的場合佩戴彩虹眼黑曜石是非常有作用的，它的磁場能量極具吸納性，能將人體帶回的負性能量吸納掉；彩虹眼黑曜石特適合也變工作或經常走夜路的人佩戴。
- 彩虹眼黑曜石的能量同時還具有加強體內血液迴圈、改善體弱氣虛症狀；另外對於睡眠品質低下的朋友來說非常有幫助。

道真精選 7A 銀曜石水晶手串（可自選訂配符珠）

功效：辟邪擋煞、驅走負面能量、招財

- 有銀礦石成分的黑曜石，遇上光線反射會呈現銀沙般的貓眼。銀曜石是常用作辟邪擋煞的晶石，除了驅走負面能量，也有招財的功效，避邪化煞，鎮宅納福並且具有招財的神效。
- 銀白色光可招財聚氣，能加強一個人的信念、自信心、果斷力， 提升膽識及果斷的個性，而且功能加倍；對於疾病、通脈、避邪化煞、鎮宅驅凶等有非常好之功用。
- 銀曜石是曜石家族中的稀有品種，可增強生命力，恢復人的精神、體力，對用腦過度的上班族和創意工作者有很好的平衡作用。

道真紫水晶唸佛數珠

- 開發智慧
- 幫助思考
- 集中念力
- 穩定情緒
- 廣結人緣
- 加強包容心
- 增強記憶力

▲ 紫水晶手串

道真辟邪平安硃砂唸佛數珠配符珠

功效：安定心神、避邪擋煞、招財轉運

硃砂需從匯聚日月精華的礦脈中採集，被認為吸納了天地之正氣，因此帶有極強的陽氣磁場，可鎮壓住鬼邪等極陰之物。當你手握硃砂時，也會有種沈甸甸、溫暖的感覺，與玉石的冰涼手感非常不同，由此可見硃砂之陽氣，經常作為辟邪消災、斬妖除魔之用。

越南芽莊沉香配紫虎眼晶石四間唸佛數珠

功效：香氣清幽、寧神安魄、避邪

戴沉香手串可以被沉香怡人的香氣薰染， 能夠提神醒腦， 還有一定的健身功效。 沉香還可以使皮膚潤澤、舒適。 在日常生活中， 沉香常被看做是驅穢辟邪、聚財生旺、轉運的象徵。

天然的沉香手串不僅韻味高雅、香氣怡人， 而且還有一定的健身功效。

▲ 開光風水黃玉石文昌塔擺件

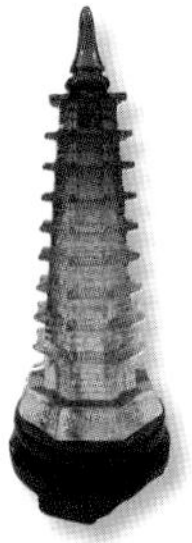

▲ 開光風水琉璃彩文昌塔擺件

▲ 開光風水黃水晶元寶聚寶盤擺件

▲ 開光風水藥師佛咒黑曜石葫蘆擺件

▲ 開光風水八卦龍龜擺件

▲ 開光風水吉祥琉璃彩貔貅擺件

▲ 開光風水三足金蟾擺件

▲ 開光風水黃水晶三足金蟾擺件

道真玄學館

超幽法會參加表格

☐ 清明節超幽法會　☐ 盂蘭節超幽法會　☐ 重陽節超幽法會

善信姓名	祖先/ 亡者/ 冤親債主纏身靈　姓名	備註欄

陽居善信，一心至誠，仰叩諸佛菩薩慈悲，靈光加庇，超度幽冥，使亡靈消除罪孽，悉獲超昇，俾陽居眾，安居樂業，事業昌隆，身強體健，如意吉祥。伏乞慈悲，虔誠是禱。

誠心供養．功得無量

主祈人：________________

聯絡電話：________________

供金：________________

報名日期：________________

觀賢靜舍

參加預約電話及whatsapp查詢：9739 0998 / 3619 0934
Email：michael@duzan.hk
地址：荔枝角永康街79號創滙國際中心26樓A室

網址：www.douzan.hk　Facebook Like & Share

佛光初現

啟靈學法之奇妙之旅

作者：劉定立

編輯：青森文化編輯組

封面及內文設計：陳嘉銘

出版：紅出版（青森文化）

地址：香港灣仔道 133 號卓凌中心 11 樓

出版計劃查詢電話：(852) 2540 7517

電郵：editor@red-publish.com

網址： http://www.red-publish.com

香港總經銷：聯合新零售（香港）有限公司

台灣總經銷：貿騰發賣股份有限公司

新北市中和區立德街 136 號 6 樓

電話：(886) 2-8227-5988

網址：http://www.namode.com

出版日期：2022 年 9 月

圖書分類：玄學

ISBN：978-988-8822-23-2

定價：港幣 130 元正 / 新台幣 520 元正